征兵工作条例

中国法制出版社

征兵工作条例

ZHENGBING GONGZUO TIAOLI

经销/新华书店

印刷/保定市中画美凯印刷有限公司

开本/850 毫米×1168 毫米　32 开　　印张/1.25　字数/16 千

版次/2023 年 4 月第 1 版　　2023 年 4 月第 1 次印刷

中国法制出版社出版

书号 ISBN 978-7-5216-3417-4　　定价：5.00 元

北京市西城区西便门西里甲 16 号西便门办公区

邮政编码：100053　　传真：010-63141600

网址：http：//www. zgfzs. com　　**编辑部电话：010-63141673**

市场营销部电话：010-63141612　　**印务部电话：010-63141606**

（如有印装质量问题，请与本社印务部联系。）

目　　录

中华人民共和国国务院
中华人民共和国中央军事委员会 令

第759号

现公布修订后的《征兵工作条例》，自2023年5月1日起施行。

中央军委主席　习近平　　国务院总理　李强

2023年4月1日

征兵工作条例

（1985年10月24日国务院、中央军委发布　根据2001年9月5日《国务院、中央军事委员会关于修改〈征兵工作条例〉的决定》第一次修订　2023年4月1日中华人民共和国国务院、中华人民共和国中央军事委员会令第759号第二次修订）

第一章　总　　则

第一条　为了规范和加强征兵工作，根据《中华人民共和国兵役法》，制定本条例。

第二条　征兵工作坚持中国共产党的领导，贯彻习近平强军思想，贯彻新时代军事战略方针，服从国防需要，聚焦备战打仗，依法、精准、高效征集高素质兵员。

第三条　征兵是保障军队兵员补充、建设巩固国防和强大军队的一项重要工作。根据国防需要征集公民服现役的工作，适用本条例。

各级人民政府和军事机关应当依法履行征兵工作职责，完成征兵任务。

公民应当依法服兵役，自觉按照本条例的规定接受征集。

第四条 全国的征兵工作，在国务院、中央军事委员会领导下，由国防部负责，具体工作由国防部征兵办公室承办。国务院、中央军事委员会建立全国征兵工作部际联席会议制度，统筹协调全国征兵工作。

省、市、县各级征兵工作领导小组负责统筹协调本行政区域的征兵工作。县级以上地方人民政府组织兵役机关和宣传、教育、公安、人力资源社会保障、交通运输、卫生健康以及其他有关部门组成征兵办公室，负责组织实施本行政区域的征兵工作，承担本级征兵工作领导小组日常工作。有关部门在本级人民政府征兵办公室的统一组织下，按照职责分工做好征兵有关工作。

机关、团体、企业事业组织和乡、民族乡、镇的人民政府以及街道办事处，应当根据县、自治县、不设区的市、市辖区人民政府的安排和要求，办理本单位和本行政区域的征兵工作。设有人民武装部的单位，征兵工作由人民武装部办理；不设人民武装部的单位，确定一个部门办理。普通高等学校负责征兵工作的机构，应当协助兵役机关办理征兵工作有关事项。

第五条 全国每年征兵的人数、次数、时间和要求，由国务院、中央军事委员会的征兵命令规定。

县级以上地方人民政府和同级军事机关根据上级的征兵命令，科学分配征兵任务，下达本级征兵命令，部署本行政区域的征兵工作。

县级以上地方人民政府和同级军事机关建立征兵任务统筹机制，优先保证普通高等学校毕业生和对政治、身体条件或者专业技能有特别要求的兵员征集；对本行政区域内普通高等学校，可以直接分配征兵任务；对遭受严重灾害或者有其他特殊情况的地区，可以酌情调整征兵任务。

第六条 县级以上地方人民政府兵役机关应当会同有关部门加强对本行政区域内征兵工作的监督检查。

县级以上地方人民政府和同级军事机关应当将征兵工作情况作为有关单位及其负责人考核评价的内容。

第七条 军地有关部门应当将征兵信息化建设纳入国家电子政务以及军队信息化建设，实现兵役机关与宣传、发展改革、教育、公安、人力资源社会保障、卫生健康、退役军人工作以及军地其他部门间的信息共享和业务协同。

征兵工作有关部门及其工作人员应当对收集的个人信息依法予以保密，不得泄露或者向他人非法提供。

第八条 机关、团体、企业事业组织应当深入开展爱国主义、革命英雄主义、军队光荣历史和服役光荣的教育，增强公民国防观念和依法服兵役意识。

县级以上地方人民政府兵役机关应当会同宣传部门，协调组织网信、教育、文化等部门，开展征兵宣传工作，鼓励公民积极应征。

第九条 对在征兵工作中作出突出贡献的组织和个人，按照国家和军队有关规定给予表彰和奖励。

第二章 征兵准备

第十条 县级以上地方人民政府征兵办公室应当适时调整充实工作人员，开展征兵业务培训；根据需要，按照国家有关规定采取政府购买服务等方式开展征兵辅助工作。

第十一条 县、自治县、不设区的市、市辖区人民政府兵役机关应当适时发布兵役登记公告，组织机关、团体、企业事业组织和乡、民族乡、镇的人民政府以及街道办事处，对本单位和本行政区域当年12月31日以前年满18周岁的男性公民进行初次兵役登记，对参加过初次兵役登记的适龄男性公民进行信息核验更新。

公民初次兵役登记由其户籍所在地县、自治县、不设区的市、市辖区人民政府兵役机关负责，可以采取网络登记的方式进行，也可以到兵役登记站（点）现场登记。本人因身体等特殊原因不能自主完成登记的，可以委托其亲属代为登记，户籍所在地乡、民族乡、镇的人民政府以及街道办事处应当予以协助。

第十二条 县、自治县、不设区的市、市辖区人民政府兵役机关对经过初次兵役登记的男性公民，依法确定应服兵役、免服兵役或者不得服兵役，在公民兵役登记信息中注明，并出具兵役登记凭证。县、自治县、不设区的市、市辖区人民政府有关部门按照职责分工，为兵役机关核实公民兵役登记信息提供协助。

根据军队需要，可以按照规定征集女性公民服现役。

第十三条 依照法律规定应服兵役的公民，经初步审查具备下列征集条件的，为应征公民：

（一）拥护中华人民共和国宪法，拥护中国共产党领导和社会主义制度；

（二）热爱国防和军队，遵纪守法，具有良好的政治素质和道德品行；

（三）符合法律规定的征集年龄；

（四）具有履行军队岗位职责的身体条件、心理素质和文化程度等；

（五）法律规定的其他条件。

第十四条 应征公民缓征、不征集的，依照有关法律的规定执行。

第十五条 应征公民应当在户籍所在地应征；经常居住地与户籍所在地不在同一省、自治区、直辖市，符合规定条件的，可以在经常居住地应征。应征公民为普通高等学校的全日制在校生、应届毕业生的，可以在入学前户籍所在地或者学校所在地应征。

第十六条 县级以上人民政府公安、卫生健康、教育等部门按照职责分工，对应征公民的思想政治、健康状况和文化程度等信息进行初步核查。

应征公民根据乡、民族乡、镇和街道办事处人民武装部（以下统称基层人民武装部）或者普通高等学校负责征兵工作的机构的通知，在规定时限内，自行到全国范围内任一指定的医疗机构参加初步体检，初步体检结果在全国范围内互认。

第十七条 基层人民武装部和普通高等学校负责

征兵工作的机构选定初步核查、初步体检合格且思想政治好、身体素质强、文化程度高的应征公民为当年预定征集的对象，并通知本人。

县、自治县、不设区的市、市辖区人民政府兵役机关和基层人民武装部、普通高等学校负责征兵工作的机构应当加强对预定征集的应征公民的管理、教育和考察，了解掌握基本情况。

预定征集的应征公民应当保持与所在地基层人民武装部或者普通高等学校负责征兵工作的机构的联系，并根据县、自治县、不设区的市、市辖区人民政府兵役机关的通知按时应征。

预定征集的应征公民所在的机关、团体、企业事业组织应当督促其按时应征，并提供便利。

第三章 体格检查

第十八条 征兵体格检查由征集地的县级以上地方人民政府征兵办公室统一组织，本级卫生健康行政部门具体负责实施，有关单位予以协助。

第十九条 县级以上地方人民政府征兵办公室会同本级卫生健康行政部门指定符合标准条件和管理要

求的医院或者体检机构设立征兵体检站。本行政区域内没有符合标准条件和管理要求的医院和体检机构的，经省级人民政府征兵办公室和卫生健康行政部门批准，可以选定适合场所设立临时征兵体检站。

设立征兵体检站的具体办法，由中央军事委员会机关有关部门会同国务院有关部门制定。

第二十条 基层人民武装部应当组织预定征集的应征公民按时到征兵体检站进行体格检查。送检人数由县、自治县、不设区的市、市辖区人民政府征兵办公室根据上级赋予的征兵任务和当地预定征集的应征公民体质情况确定。

体格检查前，县级以上地方人民政府征兵办公室应当组织对体检对象的身份、户籍、文化程度、专业技能、病史等相关信息进行现场核对。

第二十一条 负责体格检查工作的医务人员，应当严格执行应征公民体格检查标准、检查办法和其他有关规定，保证体格检查工作的质量。

对兵员身体条件有特别要求的，县级以上地方人民政府征兵办公室应当安排部队接兵人员参与体格检查工作。

第二十二条 县级以上地方人民政府征兵办公室

根据需要组织对体格检查合格的应征公民进行抽查；抽查发现不合格人数比例较高的，应当全部进行复查。

第四章　政治考核

第二十三条　征兵政治考核由征集地的县级以上地方人民政府征兵办公室统一组织，本级公安机关具体负责实施，有关单位予以协助。

第二十四条　征兵政治考核主要考核预定征集的应征公民政治态度、现实表现及其家庭成员等情况。

第二十五条　对预定征集的应征公民进行政治考核，有关部门应当按照征兵政治考核的规定，核实核查情况，出具考核意见，形成考核结论。

对政治条件有特别要求的，县、自治县、不设区的市、市辖区人民政府征兵办公室还应当组织走访调查；走访调查应当安排部队接兵人员参加并签署意见，未经部队接兵人员签署意见的，不得批准入伍。

第五章　审定新兵

第二十六条　县级以上地方人民政府征兵办公室

应当在审定新兵前，集中组织体格检查、政治考核合格的人员进行役前教育。役前教育的时间、内容、方式以及相关保障等由省级人民政府征兵办公室规定。

第二十七条 县、自治县、不设区的市、市辖区人民政府征兵办公室应当组织召开会议集体审定新兵，对体格检查、政治考核合格的人员军事职业适应能力、文化程度、身体和心理素质等进行分类考评、综合衡量，择优确定拟批准服现役的应征公民，并合理分配入伍去向。审定新兵的具体办法由国防部征兵办公室制定。

第二十八条 烈士、因公牺牲军人、病故军人的子女、兄弟姐妹和现役军人子女，本人自愿应征并且符合条件的，应当优先批准服现役。

第二十九条 退出现役的士兵，本人自愿应征并且符合条件的，可以批准再次入伍，优先安排到原服现役单位或者同类型岗位服现役；具备任军士条件的，可以直接招收为军士。

第三十条 县、自治县、不设区的市、市辖区人民政府征兵办公室应当及时向社会公示拟批准服现役的应征公民名单，公示期不少于5个工作日。对被举报和反映有问题的拟批准服现役的应征公民，经调查核实不符合服现役条件或者有违反廉洁征兵有关规定情形的，取消入伍资格，出现的缺额从拟批准服现役的应征公民中依次递补。

第三十一条 公示期满，县、自治县、不设区的市、市辖区人民政府征兵办公室应当为批准服现役的应征公民办理入伍手续，开具应征公民入伍批准书，发给入伍通知书，并通知其户籍所在地的户口登记机关。新兵自批准入伍之日起，按照规定享受现役军人有关待遇保障。新兵家属享受法律法规规定的义务兵家庭优待金和其他优待保障。

县、自治县、不设区的市、市辖区人民政府征兵办公室应当为新兵建立入伍档案，将应征公民入伍批准书、应征公民政治考核表、应征公民体格检查表以及国防部征兵办公室规定的其他材料装入档案。

第三十二条 县级以上地方人民政府可以采取购买人身意外伤害保险等措施，为应征公民提供相应的权益保障。

第三十三条 已被普通高等学校录取或者正在普通高等学校就学的学生，被批准服现役的，服现役期间保留入学资格或者学籍，退出现役后两年内允许入学或者复学。

第三十四条 在征集期间，应征公民被征集服现役，同时被机关、团体、企业事业组织招录或者聘用的，应当优先履行服兵役义务；有关机关、团体、企业事业组织应当支持其应征入伍，有条件的应当允许其延后入职。

被批准服现役的应征公民，是机关、团体、企业事业组织工作人员的，由原单位发给离职当月的全部工资、奖金及各种补贴。

第六章　交接运输新兵

第三十五条　交接新兵采取兵役机关送兵、新兵自行报到以及部队派人领兵、接兵等方式进行。

依托部队设立的新兵训练机构成规模集中组织新兵训练的，由兵役机关派人送兵或者新兵自行报到；对政治、身体条件或者专业技能有特别要求的兵员，通常由部队派人接兵；其他新兵通常由部队派人领兵。

第三十六条　在征兵开始日的15日前，军级以上单位应当派出联络组，与省级人民政府征兵办公室联系，商定补兵区域划分、新兵交接方式、被装保障、新兵运输等事宜。

第三十七条　由兵役机关送兵的，应当做好下列工作：

（一）省级人民政府征兵办公室与新兵训练机构商定送兵到达地点、途中转运和交接等有关事宜，制定送兵计划，明确送兵任务；

（二）征集地的县、自治县、不设区的市、市辖区人民政府征兵办公室于新兵起运前完成新兵档案审核并密封，出发前组织新兵与送兵人员集体见面；

（三）新兵训练机构在驻地附近交通便利的车站、港口码头、机场设立接收点，负责接收新兵，并安全送达营区，于新兵到达营区24小时内与送兵人员办理完毕交接手续。

第三十八条 由新兵自行报到的，应当做好下列工作：

（一）县、自治县、不设区的市、市辖区人民政府征兵办公室根据上级下达的计划，与新兵训练机构商定新兵报到地点、联系办法、档案交接和人员接收等有关事宜，及时向新兵训练机构通报新兵名单、人数、到达时间等事项；

（二）县、自治县、不设区的市、市辖区人民政府征兵办公室书面告知新兵报到地点、时限、联系办法、安全要求和其他注意事项；

（三）新兵训练机构在新兵报到地点的车站、港口码头、机场设立报到处，组织接收新兵；

（四）新兵训练机构将新兵实际到达时间、人员名单及时函告征集地的县、自治县、不设区的市、市辖区人民政府征兵办公室；

（五）新兵未能按时报到的，由县、自治县、不设区的市、市辖区人民政府征兵办公室查明情况，督促其尽快报到，并及时向新兵训练机构通报情况，无正当理由不按时报到或者不报到的，按照有关规定处理。

第三十九条 由部队派人领兵的，应当做好下列工作：

（一）领兵人员于新兵起运前 7 至 10 日内到达领兵地区，对新兵档案进行审核，与新兵集体见面，及时协商解决发现的问题。县、自治县、不设区的市、市辖区人民政府征兵办公室于部队领兵人员到达后，及时将新兵档案提供给领兵人员；

（二）交接双方于新兵起运前 1 日，在县、自治县、不设区的市、市辖区人民政府征兵办公室所在地或者双方商定的交通便利的地点，一次性完成交接。

第四十条 由部队派人接兵的，应当做好下列工作：

（一）接兵人员于征兵开始日前到达接兵地区，协助县、自治县、不设区的市、市辖区人民政府征兵办公室开展工作，共同把好新兵质量关；

（二）县、自治县、不设区的市、市辖区人民政府征兵办公室向部队接兵人员介绍征兵工作情况，商定交接新兵等有关事宜；

（三）交接双方在起运前完成新兵及其档案交接。

第四十一条 兵役机关送兵和部队派人领兵、接兵的，在兵役机关与新兵训练机构、部队交接前发生的问题以兵役机关为主负责处理，交接后发生的问题以新兵训练机构或者部队为主负责处理。

新兵自行报到的，新兵到达新兵训练机构前发生的问题以兵役机关为主负责处理，到达后发生的问题以新兵训练机构为主负责处理。

第四十二条 兵役机关送兵和部队派人领兵、接兵的，交接双方应当按照征集地的县、自治县、不设区的市、市辖区人民政府征兵办公室统一编制的新兵花名册，清点人员，核对档案份数，当面点交清楚，并在新兵花名册上签名确认。交接双方在交接过程中，发现新兵人数、档案份数有问题的，应当协商解决后再办理交接手续；发现有其他问题的，先行办理交接手续，再按照有关规定处理。

新兵自行报到的，档案由征集地的县、自治县、不设区的市、市辖区人民政府征兵办公室自新兵起运后10日内通过机要邮寄或者派人送交新兵训练机构。

第四十三条 新兵训练机构自收到新兵档案之日起5日内完成档案审查；部队领兵、接兵人员于新兵起运48小时前完成档案审查。档案审查发现问题的，函告或者当面告知征集地的县、自治县、不设区的市、市辖区人民政府征兵办公室处理。

对新兵档案中的问题，征集地的县、自治县、不设区的市、市辖区人民政府征兵办公室自收到新兵训练机构公函之日起25日内处理完毕；部队领兵、接兵人员当面告知的，应当于新兵起运24小时前处理完毕。

第四十四条 新兵的被装，由军队被装调拨单位调拨到县、自治县、不设区的市、市辖区人民政府兵役机关指定地点，由县、自治县、不设区的市、市辖区人民政府兵役机关在新兵起运前发给新兵。

第四十五条 中央军事委员会后勤保障部门应当会同国务院交通运输主管部门组织指导有关单位制定新兵运输计划。

在征兵开始日后的5日内，省级人民政府征兵办公室应当根据新兵的人数和乘车、船、飞机起止地点，向联勤保障部队所属交通运输军事代表机构提出本行政区域新兵运输需求。

第四十六条 联勤保障部队应当组织军地有关单位实施新兵运输计划。军地有关单位应当加强新兵运输工作协调配合，交通运输企业应当及时调配运力，保证新兵按照运输计划安全到达新兵训练机构或者部队。

县、自治县、不设区的市、市辖区人民政府征兵办公室和部队领兵、接兵人员，应当根据新兵运输计划按时组织新兵起运；在起运前，应当对新兵进行编组，并进行安全教育和检查，防止发生事故。

交通运输军事代表机构以及沿途军用饮食供应站应当主动解决新兵运输中的有关问题。军用饮食供应站和送兵、领兵、接兵人员以及新兵应当接受交通运输军事代表机构的指导。

第四十七条 新兵起运时，有关地方人民政府应当组织欢送；新兵到达时，新兵训练机构或者部队应当组织欢迎。

第七章　检疫、复查和退回

第四十八条 新兵到达新兵训练机构或者部队后，

新兵训练机构或者部队应当按照规定组织新兵检疫和复查。经检疫发现新兵患传染病的，应当及时隔离治疗，并采取必要的防疫措施；经复查发现新兵入伍前有犯罪嫌疑的，应当采取必要的控制措施。

第四十九条 经检疫和复查，发现新兵因身体原因不适宜服现役，或者政治情况不符合条件的，作退回处理。作退回处理的期限，自新兵到达新兵训练机构或者部队之日起，至有批准权的军队政治工作部门批准后向原征集地的设区的市级或者省级人民政府征兵办公室发函之日止，不超过45日。

因身体原因退回的，须经军队医院检查证明，由旅级以上单位政治工作部门批准，并函告原征集地的设区的市级人民政府征兵办公室。

因政治原因退回的，新兵训练机构或者部队应当事先与原征集地的省级人民政府征兵办公室联系核查，确属不符合条件的，经旅级以上单位政治工作部门核实，由军级以上单位政治工作部门批准，并函告原征集地的省级人民政府征兵办公室。

第五十条 新兵自批准入伍之日起，至到达新兵训练机构或者部队后45日内，受伤或者患病的，军队医疗机构给予免费治疗，其中，可以治愈、不影响服现役的，不作退回处理；难以治愈或者治愈后影响服现役的，由旅级以上单位根据军队医院出具的认定结论，函告原征集地的设区的市级人民政府征兵办公室，待病情稳定出院后作退回处理，退回时间不受限制。

第五十一条 退回人员返回原征集地后，由原征集地人民政府按照有关规定纳入社会保障体系，享受相应待遇。

需回地方接续治疗的退回人员，旅级以上单位应当根据军队医院出具的证明，为其开具接续治疗函，并按照规定给予军人保险补偿；原征集地人民政府应当根据接续治疗函，安排有关医疗机构予以优先收治；已经参加当地基本医疗保险的，医疗费用按照规定由医保基金支付；符合医疗救助条件的，按照规定实施救助。

第五十二条 新兵作退回处理的，新兵训练机构或者部队应当做好退回人员的思想工作，派人将退回人员及其档案送回原征集地的设区的市级人民政府征兵办公室；经与原征集地的设区的市级人民政府征兵办公室协商达成一致，也可以由其接回退回人员及其档案。

退回人员及其档案交接手续，应当自新兵训练机构、部队人员到达之日起 7 个工作日内，或者征兵办公室人员到达之日起 7 个工作日内办理完毕。

第五十三条 原征集地的设区的市级人民政府征兵办公室应当及时核实退回原因以及有关情况，查验退回审批手续以及相关证明材料，核对新兵档案，按照国家和军队有关规定妥善保存和处置新兵档案。

原征集地的设区的市级人民政府征兵办公室对退回人员身体复查结果有异议的，按照规定向指定的医学鉴定机构提出鉴定申请；医学鉴定机构应当在5个工作日内完成鉴定工作，形成最终鉴定结论。经鉴定，符合退回条件的，由原征集地的设区的市级人民政府征兵办公室接收；不符合退回条件的，继续服现役。

第五十四条 对退回的人员，原征集地的县、自治县、不设区的市、市辖区人民政府征兵办公室应当注销其应征公民入伍批准书，通知其户籍所在地的户口登记机关。

第五十五条 退回人员原是机关、团体、企业事业组织工作人员的，原单位应当按照有关规定准予复工、复职；原是已被普通高等学校录取或者正在普通高等学校就学的学生的，原学校应当按照有关规定准予入学或者复学。

第五十六条 义务兵入伍前有下列行为之一的，作退回处理，作退回处理的期限不受本条例第四十九条第一款的限制，因被征集服现役而取得的相关荣誉、待遇、抚恤优待以及其他利益，由有关部门予以取消、追缴：

（一）入伍前有犯罪行为或者记录，故意隐瞒的；

（二）入伍前患有精神类疾病、神经系统疾病、艾滋病（含病毒携带者）、恶性肿瘤等影响服现役的严重疾病，故意隐瞒的；

（三）通过提供虚假入伍材料或者采取行贿等非法手段取得入伍资格的。

按照前款规定作退回处理的，由军级以上单位政治工作部门函告原征集地的省级人民政府征兵办公室进行调查核实；情况属实的，报军级以上单位批准后，由原征集地的县、自治县、不设区的市、市辖区人民政府征兵办公室负责接收。

第八章　经费保障

第五十七条　开展征兵工作所需经费按照隶属关系分级保障。兵役征集费开支范围、管理使用办法，由中央军事委员会机关有关部门会同国务院有关部门制定。

第五十八条 新兵被装调拨到县、自治县、不设区的市、市辖区人民政府兵役机关指定地点所需的费用，由军队被装调拨单位负责保障；县、自治县、不设区的市、市辖区人民政府兵役机关下发新兵被装所需的运输费列入兵役征集费开支。

第五十九条 征集的新兵，实行兵役机关送兵或者新兵自行报到的，从县、自治县、不设区的市、市辖区新兵集中点前往新兵训练机构途中所需的车船费、伙食费、住宿费，由新兵训练机构按照规定报销；部队派人领兵、接兵的，自部队接收之日起，所需费用由部队负责保障。军队有关部门按照统一组织实施的军事运输安排产生的运费，依照有关规定结算支付。

第六十条 送兵人员同新兵一起前往新兵训练机构途中所需的差旅费，由新兵训练机构按照规定报销；送兵人员在新兵训练机构办理新兵交接期间，住宿由新兵训练机构负责保障，伙食补助费和返回的差旅费列入兵役征集费开支。

第六十一条 新兵训练机构或者部队退回不合格新兵的费用，在与有关地方人民政府征兵办公室办理退回手续之前，由新兵训练机构或者部队负责；办理退回手续之后，新兵训练机构或者部队人员返回的差旅费由其所在单位按照规定报销，其他费用由有关地方人民政府征兵办公室负责。

第六十二条 义务兵家庭优待金按照国家有关规定由中央财政和地方财政共同负担，实行城乡统一标准，由批准入伍地的县、自治县、不设区的市、市辖区人民政府按照规定发放。

县级以上人民政府征兵办公室应当向本级财政、退役军人工作主管部门提供当年批准入伍人数，用于制定义务兵家庭优待金分配方案。

第九章 战时征集

第六十三条 国家发布动员令或者国务院、中央军事委员会依法采取国防动员措施后，各级人民政府和军事机关必须按照要求组织战时征集。

第六十四条 战时根据需要，国务院和中央军事委员会可以在法律规定的范围内调整征集公民服现役的条件和办法。

战时根据需要，可以重点征集退役军人，补充到原服现役单位或者同类型岗位。

第六十五条 国防部征兵办公室根据战时兵员补

充需求，指导县级以上地方人民政府征兵办公室按照战时征集的条件和办法组织实施征集工作。

第六十六条　应征公民接到兵役机关的战时征集通知后，必须按期到指定地点参加应征。

机关、团体、企业事业组织和乡、民族乡、镇的人民政府以及街道办事处必须组织本单位和本行政区域战时征集对象，按照规定的时间、地点报到。

从事交通运输的单位和个人，应当优先运送战时征集对象；其他组织和个人应当为战时征集对象报到提供便利。

第十章　法律责任

第六十七条　有服兵役义务的公民拒绝、逃避兵役登记的，应征公民拒绝、逃避征集服现役的，依法给予处罚。

新兵以逃避服兵役为目的，拒绝履行职责或者逃离部队的，依法给予处分或者处罚。

第六十八条　机关、团体、企业事业组织拒绝完成征兵任务的，阻挠公民履行兵役义务的，或者有其他妨害征兵工作行为的，对单位及负有责任的人员，依法给予处罚。

第六十九条 国家工作人员、军队人员在征兵工作中，有贪污贿赂、徇私舞弊、滥用职权、玩忽职守以及其他违反征兵工作规定行为的，依法给予处分。

第七十条 违反本条例规定，构成犯罪的，依法追究刑事责任。

第七十一条 本条例第六十七条、第六十八条规定的处罚，由县级以上地方人民政府兵役机关会同有关部门查明事实，经同级地方人民政府作出处罚决定后，由县级以上地方人民政府兵役机关、发展改革、公安、卫生健康、教育、人力资源社会保障等部门按照职责分工具体执行。

第十一章　附　　则

第七十二条 征集公民到中国人民武装警察部队服现役的工作，适用本条例。

第七十三条 从非军事部门招收现役军官（警官）、军士（警士）的体格检查、政治考核、办理入伍手续等工作，参照本条例有关规定执行。

第七十四条 本条例自2023年5月1日起施行。

中央军委国防动员部领导就新修订的《征兵工作条例》答记者问

经国务院、中央军委批准，新修订的《征兵工作条例》（以下简称《条例》）日前公布，自 2023 年 5 月 1 日起施行。近日，中央军委国防动员部领导就《条例》修订有关问题回答了记者的提问。

问：新修订的《条例》出台后，受到了社会各界广泛关注。这次修订《条例》的主要背景和考虑是什么？

答：《条例》是我国依法开展兵员征集工作的重要基础法规，自 1985 年 10 月 24 日国务院、中央军委发布，2001 年 9 月 5 日修订以来，对保证征兵工作顺利实施、提高兵员征集质量发挥了重要作用。随着经济社会快速发展，国防和军队改革深入推进，征兵工作环境发生深刻变化。为适应新形势新任务新要求，根据军事政策制度改革部署安排，启动新一轮《条例》修订工作。此次修订，主要基于 3 个方面考虑：一是贯彻落实党中央决策部署的具体举措。习主席对征兵工作高度重视，党的十八大以来，先后多次作出重要指示批示，为新时代征兵工作指明了方向、提供了遵循。党中央、中央军委明确提出，要深化兵役制度等重大政策制度改革，征兵工作作为兵役制度改革的重要组成部分，迫切需要通过修订《条例》来贯彻落实。二是适应国防和军队深化改革的必然要求。征兵工作涉及军地多部门、横跨多领域，与国家和军队各项政策制度改革密切相关，特别是随着国防法、兵役法等法律法规的修订出台以及“一年两次征兵两次退役”改革的深入实施，需要与时俱进同步修订《条例》，以更好地适应改革要求，为新时代征兵工作有序组织实施提供法治保障。三是征集高素质兵员的现实需要。近年来，随着军队机械化信息化智能化“三化融合”的加速推进，如期实现建军一百年奋斗目标，全面建成世界一流军队，迫切需要征集更多优秀青年参军入伍，为军队源源不断输送新鲜血液。通过修订《条例》，进一步健全完善征兵工作机制，为实现军事人员现代化奠定坚实基础，为实现党在新时代的强军目标提供人才支撑。

问：请谈谈这次修订《条例》的主要过程。

答：根据军事政策制度改革部署安排，2019 年 6 月，中央军委国防动员部会同军地相关部门全面展开

《条例》修订工作，按照立法程序，先后完成立项报批、专家评估、条文修改、公开征求意见、立法审查等工作，历时近4年。在司法部和中央军委办公厅、改革和编制办公室等军地有关部门的指导支持下，系统梳理近年来征兵工作改革成果和实践经验，赴军地有关单位深入开展座谈调研，组织各省（自治区、直辖市）征兵办公室同步专题研究，并在对表新法新规、广泛征求意见、反复修改完善的基础上，形成《条例》修订草案。2023年4月1日，中央军委主席习近平、国务院总理李强签署命令，公布修订后的《条例》，自2023年5月1日起施行。

问：这次修订《条例》遵循的基本原则是什么？

答：此次修订，着眼强军需要，结合工作实践，力争形成一部体现时代特征、便于操作执行的征兵工作法规，主要把握4个方面原则：一是强化政治引领。坚持以习主席关于兵役和征兵工作系列重要指示批示为指导，坚持党对征兵工作的领导，确保征兵工作的正确方向。二是聚焦强军备战。深入贯彻习近平强军思想，贯彻新时代军事战略方针，坚持战斗力标准，以服务部队备战打仗为靶标指向，以提升兵员征集质量为核心，注重平时征集储备与战时动员征召一体设计。三是注重体系设计。紧密融入军事政策制度改革总体进程，搞好关联法律法规的衔接对表，准确把握立法颗粒度，对征兵工作的全流程进行体系设计、整体优化，着力构建程序规范、责权明晰、平战衔接、快捷高效的新时代征兵工作体系。四是推动创新发展。积极适应国家治理体系和治理能力现代化要求，紧跟国家法治化进程，充分依托现代移动互联网和国家电子政务建设成果，改进征兵工作方法手段，推动征兵工作转型升级。

问：这次修订明确党对征兵工作的领导是如何考虑的？

答：党政军民学，东西南北中，党是领导一切的。加强党对一切工作的领导，要在各方面各环节落实和体现。新修订的《条例》按照兵役法关于“兵役工作坚持中国共产党的领导”的规定，明确“征兵工作坚持中国共产党的领导”，有利于把党的领导落实到开展征兵工作的全过程，始终保证征兵工作的正确方向。

问：这次修订对加强征兵组织领导是如何规定和考虑的？

答：为适应“一年两次征兵两次退役”改革需要，进一步健全完善国家层面统筹协调机制，规范地方层面征兵组织领导机构设置，《条例》明确国务院、中央军委建立全国征兵工作部际联席会议制度，地方各级征兵工作领导小组负责统筹协调本行政区域的征兵工作，并将高校征兵工作机构建设纳入规范，着力构建从国家到省市县纵向贯通、从政府到高校横向覆盖的征兵组织领导体系。同时，强调地方有关部门在本级人民政府征兵办公室的统一组织下依法履职，并明确县级以上地方人民政府征兵办公室可采取政府购买服务等方式开展征兵辅助工作，为军地协同、政府主导、依法实施征兵奠定组织领导基础。

问：这次修订对兵员征集对象有何新的规定？

答：新修订的《条例》突出高素质兵员征集，坚持以大学生为重点征集对象，明确优先保证大学毕业生和对政治、身体条件或者专业技能有特别要求的兵员征集；规定对高校可以直接分配征兵任务，并建立大学生和有特别要求的兵员征兵任务统筹机制；明确大学在校生、应届毕业生可在入学前户籍所在地或者学校所在地应征。健全完善高素质兵员遴选机制，更加注重与部队需求精准对接，增加对新兵体能、心理、军事职业适应能力等方面的综合考察，实施量化择优定兵。为满足部队主战关键岗位人才需求，明确退役士兵本人自愿应征并且符合条件的，可以批准再次入伍，优先安排到原服现役单位或者同类型岗位服现役；具备任军士条件的，可以直接招收为军士。

问：这次修订对征兵组织实施程序方法有何调整优化？

答：修订过程中，着眼优化组织程序、提升工作效率，系统梳理近年来征兵成熟经验做法，将其上升固化为法规条文。针对兵役登记中暴露的信息更新不及时、结论不准确等问题，规定兵役机关应当组织兵役登记信息核验更新，政府有关部门按照职责分工为核实信息提供协助。为适应当前人口流动特点和未来常态化征兵需要，明确应征公民身体初检不受户籍和应征地域限制，就近就便进行，初检结果共享互认。为打牢预定新兵依法服兵役的思想基础，提高入伍适应能力，及时淘汰入伍意志不坚定、患有隐性疾病的青年，在审定新兵前专门新增役前教育环节。

问：这次修订对新兵交接方式有何新的规定和考虑？

答：为保证部队集中精力专司备战打仗，减少部队大量抽调干部骨干领（接）兵对战备训练造成影响，《条例》将兵役机关送兵和新兵自行报到作为重要交接方式突出出来，明确依托新兵训练机构成规模集中组织新兵训练的，由兵役机关送兵或者新兵自行报到，并对新兵交接程序、责任区分等内容进行细化和优化。进一步精简规范新兵交接档案材料组成，并明确档案审查发现问题的处理办法和时限要求，确保新兵交接工作稳妥实施。同时，为进一步增强公民参军入伍的自豪感、责任感、荣誉感，在全社会营造参军光荣的浓厚氛围和鲜明导向，明确新兵起运时地方政府应当组织欢送、新兵到达时部队应当组织欢迎。

问：这次修订对新兵检疫复查和退回机制有何新的变化？

答：聚焦部队战斗力建设，坚持以人为本原则，《条例》从明确新兵法定身份、纳入军地保险保障体系、明晰退回主体责任、建立帮扶救助保障机制等方面入手，明确新兵自批准入伍之日起，按规定享受现役军人有关待遇保障，因身体原因不适宜服现役，或者政治情况不符合条件的，作退回处理；规定在部队受伤或患病的给予免费治疗，退回后由原征集地人民政府按规定纳入社会保障体系，享受相应待遇，解决退回新兵后顾之忧。同时，规定义务兵有入伍前故意隐瞒犯罪行为或者记录、故意隐瞒影响服现役的严重疾病、采取行贿等非法手段取得入伍资格等情形，即使超过退回期限仍作退回处理，并给予相应处罚。

问：这次修订对战时征集有何新的规定和要求？

答：为保障部队正常兵员更替和战时兵员补充需要，《条例》参照各国通行做法，承接国防法、兵役法等法律法规，专设一章对战时征集问题进行规范。明确国家发布动员令或者国务院、中央军委依法采取国防动员措施后，各级人民政府和军事机关必须按照要求组织战时征集。战时根据需要，国务院、中央军委可以在法律规定的范围内调整征集公民服现役的条件和办法，可以重点征集熟练掌握军事技能的退役军人，补充到原服现役单位或者同类型岗位，确保快速形成战斗力。同时，为保证战时征集的兵员快速按时补充到位，明确从事交通运输的单位和个人，应当优先运送战时征集对象；其他组织和个人应当为战时征集对象报到提供便利。

问：这次修订对加强征兵综合保障有何新的规定？

答：为适应信息时代发展趋势，融合政策制度改革优势，《条例》就新时代征兵工作保障作出新的规范。明确将征兵信息化建设纳入国家电子政务以及军队信息化建设，实现军地有关部门间的信息共享和业务协同，为精准高效做好征兵工作奠定坚实基础。建立公民应征保险保障制度，明确县级以上地方人民政府可以采取购买人身意外伤害保险等措施，为应征公民提供相应的权益保障。细化征兵违法行为认定和处罚办法，明确对违反《条例》规定的单位和个人，由兵役机关会同有关部门查明事实，经同级地方人民政府作出处罚决定后，由有关部门按照职责分工具体执行，为解决征兵工作存在的法律责任界定模糊、违法惩处执行困难等问题提供依据。

问：请谈谈下一步对贯彻落实《条例》有什么考虑和建议？

答：征兵工作是国防和军队建设的基础工程，军地各级各相关部门要切实提高政治站位，按照新的规定要求抓好贯彻落实。一是抓好学习宣传。结合一年两次征兵，采取全员覆盖、分级组织的方式，指导各地全面深入开展业务培训，提高征兵工作人员依法开展工作的能力；持续推动《条例》宣传解读，进校园、进社区、进企业，在全社会营造依法征兵的浓厚氛围。二是严格依法实施。进一步强化大局观念，牢固树立“一盘棋”思想，军地密切配合、通力协作，深入抓好《条例》的贯彻执行，严格依法开展征兵工作，切实将国家政策考量、改革初衷融入工作实践。三是完善配套政策。中央和国家机关、军委机关有关部门将依据新法新规，研究制定征兵相关配套政策规定；指导各省（自治区、直辖市）尽快修订配套的地方性条例，切实形成依法征兵、精准征兵、高效征兵的良好局面，为实现建军一百年奋斗目标作出新的更大贡献。